VUE GÉNÉRALE

SUR

LE SOCIALISME,

Par J. DELAROA.

LANGRES,

Chez Dejussieu, imprimeur-libraire.

1849.

DU MÊME :

Programme de Philosophie catholique.
Paris et Lyon, 1843.

Coup d'œil sur l'Influence chrétienne en France, au XIX Siècle, en matière d'Economie charitable.
Paris et Roanne, 1849.

VUE GÉNÉRALE

SUR

LE SOCIALISME. (1)

Mon cher ami,

Votre passion intelligente pour l'ordre, votre amour réfléchi pour la liberté, votre amitié qui m'honore, vos croyances religieuses, tout me fait un devoir de vous dédier les pages qui suivent.

Mais avant d'exprimer ma pensée sur le socialisme, voulez-vous me permettre de vous présenter quelques réflexions de circonstance?

Je suis sûr de vous plaire, car je serai franc.

Avant le 24 février, des hommes plus sincères que clairvoyants demandaient l'extension de la liberté en matière électorale. La réforme, qui n'était, dans leur pensée, qu'un projectile contre le ministère de M. Guizot, atteignit la royauté en pleine poitrine. Nous eûmes la République dont, à vrai dire, les républicains de la veille ne sont pas le plus coupables. Néanmoins, ils en obtinrent tout d'abord le seul bénéfice qu'elle pût procurer à son début, celui des places. Il faut convenir qu'ils en usèrent largement.

Mais la scène changea.

Lorsque nous avions l'ordre, on invoquait la liberté.

Lorsque la liberté eut fait explosion, nous invoquâmes l'ordre.

Et depuis le 24 février, c'est là notre cri, notre espérance, notre besoin.

Les révolutionnaires, par leurs programmes lancés chaque jour pendant dix-huit ans, avaient imité celui qui émet des lettres de change au-delà de ses ressources. M. Goudchaux, ce naïf qui n'a pas de secret, a fait l'humble confession qu'ils étaient, lui et ses pareils, arrivés au pouvoir si inopinément qu'ils n'avaient pas eu le temps d'avoir des idées. Ils pouvaient en avoir plus tard, après la reprise de leurs sens ; mais ils ne l'ont pas jugé à propos. Est-ce affaire d'habitude chez eux ? affaire de goût ? ou bien affaire de difficulté ? je l'ignore, mais je leur permets de choisir.

Pleins de leur incapacité personnelle, ils voulurent intimider le pays pour le convertir à leur religion. Ils cherchèrent à lui faire avaler le régime nouveau comme une pilule à un malade. Seulement, la pilule de ces apothicaires politiques l'aurait pu mener bas, si elle avait été administrée long-temps et à pareilles doses.

Je ne sais pas de plus belles conspirations contre le mal, mon cher ami, que le courage, le bon sens et la patience dans le sincère amour du bien.

Le pays fit cette conspiration. L'Assemblée constituante fut élue. C'était un temps d'arrêt entre le gouvernement provisoire et le pouvoir du 10 décembre. Elle a rendu des services à coup sûr, mais néanmoins je laisse à l'histoire de juger une majorité servile composée de fonctionnaires, qui, pendant plus de cinq mois, fut assise aux pieds d'un heureux général, et qui, plus tard, malgré la voix du suffrage universel, fit du dépit et de la mauvaise humeur contre un gouvernement nouveau, jusqu'à ce que, perdant conscience d'elle-même, elle n'a plus eu le courage de vivre.

Incapacité, intimidation : voilà comment le pays a été mené pendant les dix premiers mois de la République.

La situation s'est perpétuellement compliquée des doctrines et des tentatives du socialisme.

Avant février, le socialisme était, pour ainsi dire, à l'état latent, caché dans les livres, espèce de sanctuaire obscur où ne s'aventuraient que les amateurs d'idées et quelques néophytes courageux. Le soleil de la République fit éclore et pulluler ces doctrines. A la faveur de la liberté de la presse et sous la pression de nos nécessités, elles prirent une dangereuse consistance parmi les masses. Il n'était plus question de monarchie. On exploitait la stérilité administrative et politique des républicains modérés. Le socialisme se disait seul possible, tout au moins, seul capable de pourvoir aux éventualités les plus urgentes, sauf, plus tard, à faire au complet le bonheur de tout le monde.

L'apparition du socialisme, en février, ne doit pas vous étonner, mon cher ami. Les sociétés ont leurs doctrines chroniques qui les mettent à deux doigts de leur perte. La société française est sujette à cette sorte de maladie depuis assez longtemps.

Depuis cinquante ans que le socialisme fait entendre sa voix, j'y reconnais le cri du besoin, mais non celui du génie. Il annonce qu'il y a quelque chose à faire ; il est l'interprète d'un sentiment vague, le héraut d'une pensée flottante.

Voilà ce qu'il y a de vrai.

Il est incontestable pour moi que la société est

travaillée d'un énorme besoin de rénovation. Il y a une genèse sociale qui gronde de toutes parts, et sur nos têtes et sous nos pieds. L'absence des principes chrétiens se fait sentir. Le déclin des croyances religieuses a amené la décadence des mœurs : d'où la misère de la vie, après la misère des mœurs. C'est par là que notre société périra, si elle doit périr. Elle succombera inévitablement, si l'on ne se hâte de la relever, de la fortifier avec les éléments mêmes qui ont concouru à sa fondation. Dépêchons-nous à consolider dans les esprits et dans les cœurs le respect de l'autorité. Répudions le rationalisme qui en est le dissolvant naturel. C'est la philosophie du xviiie siècle qui a engendré le socialisme, comme un principe sa conséquence. Cette philosophie athée a conduit par le matérialisme l'ancienne société à l'échafaud de 1793. Le socialisme, qui s'est chargé de la seconde partie de la tâche, veut procéder à la réédification de la société par le sensualisme. Chez les socialistes, l'intention est la même, mais les moyens sont divers. Et cela se comprend. Les socialistes parlent de la raison humaine. Chacun d'eux est le pontife de la vérité, à l'exclusion de tous les autres ; et la vérité n'est que dans son système. Le procédé intellectuel dont se servent certains philosophes dans leurs recherches psychologiques, les socialistes l'emploient dans leurs recherches sociales. Et l'on peut les dénommer : les rationalistes de la société.

Puisque ces philosophes radicaux parlent au nom de la raison, que voulez-vous donc qu'on oppose à l'envahissement de leurs absurdes théories ? des injures ? Ils sauront les rendre avec usure. La raison, votre raison ? Ils s'en moquent d'avance. C'est entamer un duel à mort entre des beaux-esprits, duel auquel n'assiste pas le peuple, et dont l'enseignement, s'il y en a un, tournera au profit des mauvaises doctrines.

Dans cette perplexité, que faut-il faire ?

En ces temps, les amis de l'ordre se sont offerts pour soutenir la religion avec leur plume. Pour moi, je les engage à prier la religion de les soutenir eux-mêmes. La religion, si elle court des périls, ne risque point de succomber, quelque violente que puisse être la lutte. Il faut que la société actuelle se range franchement de son côté. Elle peut sans doute lui rendre des services, mais qui ne vaudront pas assurément ceux que la religion peut lui procurer et dont elle a tant besoin aujourd'hui.

En attendant que l'influence religieuse vienne de nouveau pénétrer la société française, qu'elle améliore les mœurs de la bourgeoisie et du peuple, qu'elle grave dans les cœurs le sentimen de la solidarité humaine, qu'elle fasse de la charité la première institution sociale, — tous, croyants et incroyants, nous devons demander l'ordre, non pas cet ordre aveugle qui étrangle la liberté en un moment de fantaisie, mais celui qui la protége contre des licences qui la déshonorent.

Des esprits fort sérieux réclament la liberté illimitée comme un élément régénérateur de l'ordre.

La paix publique, la prospérité, le progrès d'une nation ne sont pas plus dans la liberté illimitée que dans l'ordre à tout prix. Ils ne sont pas même dans l'alliance tempérée de l'une et de l'autre. La liberté et l'ordre, qui doivent marcher sympathiquement, manifesteront entre eux une incompatibilité d'humeur invincible, tant qu'ils ne se rencontreront pas sur un terrain mutuel qui les réconcilie. Ce terrain n'est autre chose que les mœurs. Les bonnes mœurs ne s'établiront jamais sans religion. En dehors du Christianisme, vous verrez toujours le progrès s'arrêter sur la lisière du monde moral. C'est là précisément ce qui a fait la situation où nous sommes. Nous avons eu le progrès des idées, sans en être plus avancés, parce que nous n'avons pas eu le progrès parrallèle des mœurs qui seules peuvent donner de la fixité aux idées.

Nous oublions trop une chose d'où dépend notre vie, c'est qu'en fait d'idées le Christianisme a tout dit ; qu'en fait de réformes, il les a toutes posées. Depuis l'Evangile, l'histoire du progrès est faite en cercle. Les novateurs croient cingler vers l'avenir, et ils retournent vers le passé. Seulement, ils ne peuvent toucher à l'œuvre du Christ sans la défigurer. Les socialistes n'ont donc rien inventé ! Robespierre proclame l'immortalité de l'âme et l'existence de Dieu. Babeuf, dans un style impur, pose l'égalité morale et parle de la communauté des biens. Mais il y avait long-temps qu'il s'était formé de petites sociétés volontaires, appelées couvent, basées sur les deux principes mis en avant par Babeuf. Saint-Simon tuant du même coup la famille et la religion, a voulu émanciper la femme et le prêtre. Mais le Christianisme, pour fonder la famille, avait émancipé la femme uniquement de manière à lui laisser plus de liberté dans les devoirs qu'il lui imposait.

Ch. Fourier a repris en sous-œuvre, à sa façon, la question des anciennes corporations et celle du cloître architectural. Il a remplacé les vertus du moyen-âge par un épicuréisme forcené. Pierre Leroux ne comprenant pas la trinité chrétienne, en a construit une qu'il ne comprend sans doute pas davantage. Sa théorie de la perfectibilité indéfinie n'est qu'un moyen honnête pour le dispenser de se réformer dans le présent, afin de se rabattre indéfiniment sur l'avenir. Lammenais a changé le Vatican de place.

Croyez-vous, mon cher ami, que tous ces systèmes constituent un progrès sérieux ?

Ces doctrines ont des sectaires ardents. Mais leurs auteurs ont-ils un disciple, un seul ?

Ne préférez-vous pas la solution donnée par le Christ à tous ces problèmes que les socialistes tranchent du bout de leur raison ?

Le socialisme est la parodie de l'Evangile.

Si nous ne voulons pas la parodie, il faut absolument prendre la réalité.

Jusqu'à présent, nous sentons que la parodie fait des progrès autour de nous et qu'elle nous sape de tous côtés ; nous entendons sa menace souterraine qui parcourt la société. Êtes-vous sûrs d'en venir à bout avec des baïonnettes ? Et l'avertissement des élections d'avril !...

En février, et par la Constitution, les droits ont été augmentés. L'égalité politique est devenue aussi complète que l'égalité civile. Mais on ne s'est pas inquiété d'introduire l'égalité dans les devoirs !

Le droit, qui n'est pas contrebalancé par un devoir correspondant, est une arme dangereuse.

Tous ceux qui n'ont pas le sentiment de leurs devoirs ne doivent pas exercer des droits.

Cette remarque est essentielle, alors qu'en société le devoir est antérieur au droit.

Car, faites-y attention, mon cher ami, nous sommes bien majeurs par rapport à notre liberté; mais, avant tout, nous sommes mineurs par rapport à l'ordre.

Ce sont les droits qui doivent être proportionnels aux devoirs.

Eh bien ! l'on a étendu les uns et diminué les autres. Quel contre-sens !

Il y a une classe de citoyens auxquels la loi n'a pas permis, à cause de leur âge, soit d'intervenir seuls par le mariage dans leur destinée, soit de prononcer sur la vie ou l'honneur de leurs semblables.

Cependant la Constitution leur accorde de peser par le poids de leur vote dans la balance des intérêts du pays.

Et toute cette race de mendiants, de célibataires oisifs, de gens sans feux ni lieux (qui ont pourtant un domicile légal), ces hommes qui ne remplissent aucun devoir envers la société, qui spéculent sur le trouble, sur l'émeute, sur les malheurs, en disant comme Louis XV, au milieu de ses plaisirs : après moi le déluge, — eux aussi, absolument comme d'honnêtes et laborieux citoyens, ils sont investis du droit précieux et formidable de pousser le pays dans un sens ou dans un autre.

Ne faut-il pas réformer le suffrage universel ? Qu'en pensez-vous, mon ami ?

Mais ce n'est là qu'un palliatif.

Alors même que le pouvoir, en France, serait réellement la collection de toutes les bonnes volontés, et que ces bonnes volontés seraient nombreuses, je vous le répète, vous ne prévaudrez pas contre le socialisme, si vous ne renoncez aux errements d'une politique d'expédients, si vous ne provoquez pas l'homme sur le terrain des réformes morales.

Il y a, je le sais, une mission aussi belle que laborieuse à tenter, à accomplir ! Et le pouvoir spirituel doit seconder le pouvoir temporel. Mais il faut attendre que les évêques se réveillent, et que le clergé cesse de préférer à la royauté de Dieu la royauté problématique de M. le comte de Chambord.

Jusqu'à présent, la bourgeoisie a ri de Dieu… Il faut qu'elle y croie.

Elle s'est moquée de l'autorité sous toutes ses formes. Il faut qu'elle la respecte sous toutes ses formes.

Elle a renversé tous les pouvoirs. Il faut qu'elle les soutienne.

Elle a vécu dans le luxe. Il faut qu'elle songe à la charité.

Elle a recherché les intérêts matériels. Il faut qu'elle s'occupe des intérêts moraux.

Elle a corrompu le peuple par l'exemple de ses vices. Il faut qu'elle le ramène par l'exemple de ses vertus.

Si elle veut conserver son influence et sa position, elle doit changer de route.

Depuis février, la question est toujours la même :

Être chrétien, — ou socialiste.

Politique dans le premier sens, — ou politique dans l'autre sens.

L'avenir de la bourgeoisie est dans son choix. Et il n'y a pas de milieu entre ces deux alternatives.

Si nous ne mettons pas Dieu de notre côté, le socialisme l'emportera.

Ecoutez la menace du grand comte de Maistre : « S'il ne se fait pas une révolution morale en » Europe ; si l'esprit religieux n'est pas renforcé » dans cette partie du monde, LE LIEN SOCIAL » EST DISSOUS. »

Et il ajoute cette espérance : « Mais s'il se fait » un changement heureux sur ce point, ou il n'y

» a plus d'analogie, plus d'induction, plus d'art,
» de conjecture, ou c'est la *France* qui est ap-
» pelée à le produire (1). »

J. DELAROA.

(1) *Considérations sur la France*, publié en 1796,
page 33.

AVANT-PROPOS.

Les pages suivantes renferment l'impression que m'a laissée le socialisme, soit par ses livres, soit par ses tentatives de désordre.

Si elles ne sont pas modérées, du moins elles sont honnêtes. Mon indignation ne s'est inspirée que de ma loyauté et de la sincérité de mes convictions.

Il ne peut pas y avoir, en ce moment, du courage à tenir haut et ferme le drapeau de sa foi politique et religieuse ; mais il y a toujours de l'honneur.

L'homme est si peu de chose en comparaison des idées, que j'ai laissé les personnes totalement de côté dans mon travail.

Guerre aux idées.

Respect aux personnes !

La lutte est plus élevée qu'entre des individus et des partis.

Elle est entre des principes vrais et des principes faux, entre les idées conservatrices et progressives et les idées révolutionnaires.

La société est le terrain et le sujet de ce grand duel.

Franchement, nous ne saurions redouter l'issue définitive du combat qui est engagé. Malgré le triomphe de l'erreur, la vérité conserve ses droits qui ne manquent jamais de prévaloir.

La société vient de Dieu. Nul être humain n'est capable d'en modifier les immuables lois. Si elle n'existait pas, personne ne l'inventerait. Il y aurait donc, au fond, autant d'impertinence à la vouloir défendre qu'il y a de présomption puérile à la vouloir détruire. Amis ou ennemis, la société se rit d'eux. Depuis six mille ans, elle se passe du bras de l'homme pour se soutenir. Proposer ou essayer sa défense, c'est une thèse bonne pour amuser les loisirs d'une académie ou pour provoquer l'imagination d'un homme de lettre qui s'ennuie.

L'ordre, qui est l'aliment naturel de la société vivante des hommes, peut être bravé; et il l'a été, et il le sera, sans doute, malheureusement. Mais il prend toujours sa revanche. Il se venge cruellement sur ses insulteurs eux-mêmes, car les coups que nous lui portons ne font de mal qu'à nous. Sa stabilité reçoit une preuve de plus par l'aggravation de nos douleurs communes.

Ce que je redoute davantage, ce qui m'afflige profondément, c'est le désordre qui a envahi les intelligences et qui ravage les cœurs.

Le mal est là, dans les têtes et dans les âmes.

Déshérité de la vérité, l'homme devient son plus dangereux ennemi.

Eh bien, il faut lui donner la vérité qui élève la dignité humaine en l'éclairant.

La possession de la vérité lui fera aimer le bien qui moralise et apaise.

Tous les gens de biens sont conviés à ce devoir envers leurs frères égarés.

Dans cette tâche, à la fois si noble et si vaste, je viens prendre une bien humble part. Mais si humble qu'elle soit, je serai amplement récompensé, si elle jette un rayon de lumière dans l'existence la plus obscure.

Dire la vérité aux esprits dévoyés, pratiquer le bien envers tous: je ne sais pas de plus beau patriotisme à exercer au milieu des misères de notre époque.

[illegible], à la tête, à la vie, et à [illegible]
[illegible] prendre [illegible] l'une honorable part, [illegible]
honorable [illegible], je veux cependant reconnaître, [illegible] un excès de lumière [illegible]
l'existence la plus obscure.
[illegible] les esprits [illegible], manquer le
[illegible] je ne sais [illegible] elle leur
[illegible] à exercer [illegible] milieu des mœurs de
notre époque.

VUE GÉNÉRALE

SUR

LE SOCIALISME

—

CHAPITRE I.

LES SOCIALISTES ET LES RÉPUBLICAINS ROUGES (1).

Les socialistes et les républicains rouges, réduits à eux-mêmes, et sentant leur propre impuissance, ont fait alliance entre eux, pour concentrer leurs efforts, sauf à retirer leur quote-part respective des bénéfices de l'association, s'il y a lieu plus tard.

Cette alliance est toute naturelle.

Leur union fait leur faiblesse.

Au fond, le Socialisme et la République rouge ne diffèrent pas. En juin, ne les avons-nous pas vus simultanément à l'œuvre, l'un fournissant ce qu'on appelle des idées, et l'autre les armes ? Les idées étaient des balles, et les balles des idées. Les doctrines de ces comédiens sont à jamais souillées du sang français.

Que veulent-ils donc ?

Deux choses qui se ressemblent

---

(1) Dorénavant, nous n'emploierons que le terme générique de *socialistes*, pour qualifier les uns ou les autres.

Mettre en circulation des principes nouveaux pour bouleverser la société ;

Bouleverser la société pour faire prévaloir des principes nouveaux.

Les apôtres du socialisme sont chargés de la première partie du programme. Et la seconde, comme nous l'avons déjà vu après février, est dévolue aux partisans de la république rouge. Afin d'agir plus efficacement, ils se partagent cette tâche de désordre.

Ils protestent, je le sais, de leurs bonnes intentions. Nous savons malheureusement à quoi nous en tenir. Elles nous coûtent trop cher pour qu'on leur ait quelque gré. S'ils le veulent absolument, reconnaissons-les, mais sans les accepter, surtout, sans nous en servir.

Ce qu'ils désirent, en fin de compte, c'est de tenir le timon des affaires, pour imposer, bon gré, malgré, leurs rêvasseries aux multitudes alléchées par l'espoir d'un bonheur immanquable.

A ce prix, ils seront satisfaits.

En attendant, ils répandent la terreur et l'alarme autour d'eux. Les uns mettent le pied dans les souliers politiques de Robespierre ; les autres s'affublent de la redingotte râpée de Babeuf. Dans les provinces comme à Paris, ces plagiaires de médiocre portée ont de mauvais singes qui répètent leurs grimaces, en cachant un couteau sous un lambeau d'idée.

Le jour où les socialistes seraient venus à bout de leurs projets insensés, la guerre commencerait entre eux plus violente qu'auparavant, parce qu'elle aurait passé du vague champ des idées sur le terrain pratique de l'action.

Car, qu'est-ce que les socialistes ?

Sous ce nom générique qui les comprend tous, co-existent une foule d'écoles naïves, effrontées et bizarres, qui n'ont qu'un mot d'ordre commun. Au fond, elles sont séparées entre elles par des différences radicales. L'antipathie les rassemble, à défaut de la sympathie. Coalisés présentement pour l'attaque et le renversement de toutes les institutions qui gênent leur triomphe; elles professent une haine aveugle du passé, fondée sur le dédain systématique de l'histoire, et se rendent à des buts différents par l'uniforme procédé de la destruction. Un jargon banal aide à cette manœuvre coupable, et la rhétorique des écoliers a gonflé leur arsenal. Sous prétexte d'apporter la pierre à l'édifice de l'avenir (parole commode et sonore), chaque socialiste fait sa brèche dans nos décombres. Encore un petit effort, disent-ils, et la vieille société va disparaître, et l'aube de la nouvelle société va se lever à l'horizon de l'humanité.

A l'appui de ces métaphores, les socialistes de toutes les couleurs lancent à la foule des programmes éblouissants. Ils enflamment ses désirs, ils surexcitent son imagination, ils la stimulent sur sa couche par l'aiguillon d'un bien-être fantastique; en un mot, ils lui montrent une perspective sans bornes de félicité. Il ne s'agit pas moins que d'émanciper tous les instincts, dont les plus vils ont même un grain d'encens dans leur estime. Il n'y a pas de turpitude qui n'ait été divinisée par eux, sous prétexte qu'elle existe. C'est ainsi que leur science veut procéder à la purification du cloaque social.

Les écoles socialistes offrent une étrange confusion qu'il serait long et inutile de démêler ici.

Seulement, le plus vif reproche qu'on doive adresser aux modernes prédicateurs des doctrines d'association qui soufflent des quatre points cardinaux autour de nous, c'est d'être eux-mêmes insociables, de ne pouvoir s'accorder entre eux, et de marcher de front dans un perpétuel antagonisme. Ils rappellent naturellement la légende tudesque des chiens de Nuremberg. D'accord pour détruire, ils ne sauraient s'entendre pour réédifier. Unité bâtarde dans les moyens ; défaut d'unité dans le but. Nous ne pouvons donc les redouter à l'œuvre.

Quant à présent, socialistes et rouges, que sont-ils? Des terroristes qui prennent leur poignard pour une idée ; des idéologues dont la folie est de se croire les héritiers du levier d'Archimède ; des discoureurs incorrigibles qui s'entredévorent ; des pédagogues insolents qui se disputent les oreilles du genre humain pour l'éduquer, en le traitant comme un bambin ignare, à coups de fusil en guise de férules ; des séducteurs qui flattent les passions les plus basses, pour régénérer l'humanité, en voulant organiser l'orgueil, l'envie, la luxure, la colère, l'intempérance, la vanité bête, la cupidité, la paresse, etc. ; des charlatans qui annoncent brusquement qu'ils ont un secret pour extirper la misère jusque dans sa dernière racine ; des utopistes qui nous crient qu'ils ont à la disposition de tous une immense machine à félicité publique, qui fonctionnera incessamment, si l'on consent à ce qu'ils la chauffent avec la propriété universelle, aux dépens de la morale et de la religion.

Nous croyons avoir caractérisé d'une manière générale ces hommes extrêmes qui aspirent à régenter la société.

Ils pensent se justifier en alléguant leur profond amour du peuple.

Cet amour est un culte du bout des lèvres.

Nous le prouverons en montrant succinctement comment ils comprennent et traitent le peuple.

CHAPITRE II.

LES SOCIALISTES ET LE PEUPLE.

Qu'est-ce que le peuple ?

Le peuple, c'est vous, et moi, et tout le monde. Il est ici et là. Il est le soubassement universel de l'humanité. Il commence partout et ne finit nulle part.

On a créé depuis longtemps cette distinction ironique et menteuse de *gens du peuple* et de *gens du monde.*

Les républicains extrêmes ont renchéri sur cette distinction aussi fausse que sotte.

Quelle faute de français !

Et cette faute n'annonce-t-elle pas, malheureusement, un fractionnement dans nos idées.

La société, le pays, les vrais patriotes doivent l'effacer de leur vocabulaire.

Le peuple est un entier, ayant tête, corps, bras et jambes. S'il n'est pas cela, il n'est rien.

Il faut le chercher dans un perpétuel et grand foyer de ralliement où se trouve l'ensemble vivant des familles, c'est-à-dire, dans la société régulière et dominée par l'idée de Dieu, et non pas dans les bagnes, dans les rues, dans les relations brisées du vice.

Les socialistes ont fait du peuple un substantif singulier masculin, voilà tout ; fort élastique, fort commode, et fort utile pour la perpétration de leurs desseins.

Ils ont pris du peuple la partie souffrante et démoralisée, afin de l'exploiter plus facilement à leur profit. Ils spéculent sur ses misères et ses douleurs, pour arriver à des fins dont ils ne parlent pas, car, suivant la naïve révélation de M. Ledru-Rollin, *on tâche de s'emparer des sentiments qui préoccupent dans le moment actuel, pour faire une révolution, mais en ne nommant pas les choses*, c'est-à-dire en cachant les motifs véritables qui font agir et le but réel auquel on aspire.

Evidemment, la démocratie a ses Tartufes.

On dit que les révolutions se font dans l'intérêt du peuple.

Ce sont les républicains que nous combattons qui toujours se sont chargés de se démentir eux-mêmes à cet égard.

Au pouvoir, ils se sont empressés d'opérer une large diffusion des droits, sans se soucier d'étendre parallèlement les devoirs. Mais il arrive que ces époques, plaisamment appelées à garanties politiques, gaspillent en quelques mois ce que les époques d'ordre ont laborieusement amassé de crédit, de fortune, de prospérité et de bien-être.

C'est sous le règne de ces hommes d'état excentriques que les métiers sont atteints par les grèves, les industries par les crises, le commerce par le chômage, le travail par le repos, la prospérité publique par l'avilissement, la vie nationale par l'agonie.

En 1848, malgré le caractère pacifique de la révolution, nous avons vu également les chantiers déserts, les ateliers silencieux, les bobines des filatures sommeillant à leurs tiges rouillées, l'artiste pleurant sur ses pinceaux, la bourse s'inquiétant de l'absence prolongée du crédit.

Les socialistes ont signalé le capital comme l'ennemi du travail. Ils l'ont menacé, il s'est caché, le travail a cessé. Ils continuent à le poursuivre, en le traitant d'*infernal* (sans doute pour faire croire qu'ils sont des dieux). Et pour se venger, c'est le capital reparaissant qui ressuscite le travail frappé à mort.

Avec eux, le peuple a gagné le droit de voter, mais il a perdu les moyens de vivre.

Et puisque le peuple est le souverain de tout, on peut dire que les socialistes, par ce qu'ils ont déjà fait et veulent faire pour lui, sont les régicides de ce temps.

Le peuple ne leur doit donc pas beaucoup de gratitude.

Il est clair, par l'histoire des soixante dernières années, que le peuple n'a été qu'un *expédient* pour les idéologues de la démocratie, et que s'il a été un *but*, le but a toujours été manqué.

Rêveurs ambitieux, qu'ont-ils fait?

Ils ont travaillé à étouffer dans l'âme du peuple la sève de l'attendrissement.

Ils y ont fait germer l'envie en serre-chaude.

Ils ont voulu le déshériter de compassion, alors qu'il en avait tant besoin, en transformant le pauvre en démon social, en torche incendiaire.

Ils l'ont poussé vers les tocsins, vers les émeutes, vers les barricades, vers l'exil des pontons, à son détriment et à leur profit.

Ils ont levé des armées de haine, et semé de la poudre où le peuple cherchait du pain.

En revanche, ils font des banquets pour le soulagement de ceux qui meurent de faim.

Philosophes gris, ils déclament des doléances sur le manque d'ouvrage, et exaltent le bonnet rouge.

Journalistes avides, ils agacent encore le peuple pour le lancer contre l'ordre.

Ces faux amis trouvent leur intérêt, à coup sûr, à toutes ces manœuvres. Ils se font un joli petit commerce aux dépens des niais dont ils flattent les instincts bruts. Et ceux qui font cercle autour des tréteaux de ces saltimbanques ne se méfient pas assez de leur adresse.

Ce qui nous console, c'est que le peuple de ces gens-là n'est pas aussi nombreux qu'on le dit ; que ce peuple n'est pas le vrai peuple, celui qui travaille, qui vit sobrement, qui aime le foyer de sa famille, qui ne murmure pas, qui se résigne, et se confie en la Providence, laquelle est surtout pour les petits et dans les petites choses, et possède des moyens mystérieux de répartition.

Convenons-en sincèrement, le peuple, en général, et nous tous, nous sommes plus jaloux bue malheureux. Nous ne sommes le plus souvent malheureux que parce que nous sommes jaloux. Le bonheur des voisins nous scandalise, nous offusque, et il nous tonrmente plus que notre propre misère. Nous désirons moins notre fortune que sa ruine.

Et il en sera ainsi tant que les âmes seront dominées par leurs explosions, esclaves de leurs propres tempêtes, insurgées contre Dieu, ennemies de la famille qui est l'ordre par excellence, et que, pour les contenir, il faudra des gendarmes, des prisons et de la mitraille.

Nous pouvons dire, comme conclusion, que le peuple, sans exception de personne, en suivant les socialistes, n'a jamais rien gagné, qu'il a beaucoup perdu, et qu'il n'a rien à espérer.

Vis-à-vis des classes souffrantes, ils se sont conduits comme les colonels du désespoir, excitateurs plutôt que protecteurs, comme des joueurs de flûte chantant la *Marseillaise* aux désœuvrés entre le cabaret, le mont-de-piété, les maisons de prostitution, les barricades et la prison. Ils ont créé des ferments de haine, sans donner un conseil de vertu, distillant une amertume sans fin de leurs lèvres crispées.

Laissons-les condamnés à eux-mêmes et perdus dans le cul-de-sac de leurs rêves, solliciter un trône imaginaire aux dépens de tous. Si jamais ils sont rois, ce sera dans le royaume de l'occasion qui seul leur appartient et qu'il ne faut même pas leur abandonner ; car, s'ils brillaient un seul jour, ce serait, ne l'oublions pas, à la condition de l'avilissement universel.

CHAPITRE III.

LES SOCIALISTES ET LE MILIEU SOCIAL.

Le socialisme comprend une foule de sectes, toutes en opposition les unes aux autres, se déchirant mutuellement dans leurs livres avec une fraternité dont elles ont seules le secret.

Chaque secte a élaboré une myriade de plans de réformes, tant spéciales que générales, dont chacune renferme exclusivement l'avenir de l'humanité.

Vous me direz que, la vérité étant une, elle ne peut avoir qu'une application logique, légitime et bonne; et que, par conséquent, si la vérité se trouve au fond d'un système socialiste, il n'y a que ce système de praticable, à l'exclusion de tous les autres.

Quel est ce système?

J'aime mieux croire que la vérité est ailleurs. Du reste, j'en suis convaincu. Voici pourquoi.

La vérité et Dieu, la vérité et la morale, la vérité et le droit ne font qu'un. Ils ne se conçoivent pas l'une sans l'autre, et partout et toujours, dans l'humanité, nous remarquons leur intime solidarité.

Or, les socialistes, tous plus ou moins, isolent de la vérité, représentée par leurs systèmes, Dieu, la morale et le droit, trois idées bâtardes à rejeter ou à refondre, suivant leur avis.

Comme la société vit essentiellement de Dieu, de la morale et du droit, qui forment la base du milieu social dans lequel s'agite et se développe l'humanité, ils ont trouvé tout naturel de changer le milieu social, c'est-à-dire d'attaquer Dieu, de proscrire la morale, et de nier le droit.

Créer, par tous les moyens possibles, un milieu neuf où ils puissent régner : voilà leur fin commune et leur point commun de ressemblance.

Examinons-les à l'œuvre.

Les socialistes ont bien senti que l'idée de Dieu, telle que l'ont formée et consolidée parmi les hommes six mille ans de tradition biblique et de christianisme, est une souveraineté embarrassante et odieuse, en ce qu'elle impose des devoirs trop lourds pour des esprits qui aspirent à secouer tous les jougs.

Du premier coup, nier Dieu, c'est passablement hardi et passablement puéril. Tous les socialistes n'ont pas eu cette téméraire franchise. Seul, M. Proudhon s'est élevé contre cette idée, en la traitant d'*hypothèse absurde, de mensonge, de tyrannie*, etc. Nous croyons qu'à la suite de ces calomnies, Dieu n'a perdu l'abonnement d'aucune âme sincère. Un homme d'esprit, ce qu'on appelle vulgairement un philosophe, au fond de son cabinet, peut bien, à force d'abstraction et de raisonnement, arriver à la négation de Dieu : cela s'est vu plus d'une fois, et en pure perte. Mais un pays, à plus forte raison, l'humanité qui voit par la foi et croit par ses yeux, par ses oreilles, par son cœur, ne peut pas se faire athée, car, se faire athée, c'est se mettre à la place de Dieu, supprimer l'autorité sous toutes ses formes, provoquer l'anarchie dans les intelligences, le désordre dans les âmes, l'arbitraire dans le devoir, le chaos dans toutes les relations sociales.

Si l'humanité conserve si pieusement l'idée de Dieu, évidemment c'est qu'elle y trouve un intérêt immense.

L'athéisme absolu peut flatter le cerveau d'un jeune bachelier; il répugne à l'homme.

D'autres socialistes se sont rabattus sur un athéisme relatif.

Comme M. Pierre Leroux, ils ne nient pas Dieu, ils veulent bien l'admettre; seulement, ils le créeront à leur fantaisie. Or, nous savons, pour avoir lu l'article, que M. Pierre Leroux a fait Dieu, au sortir d'un petit souper, en compagnie d'un bas-bleu. Il est clair que ce Dieu, ainsi fabriqué, est de meilleure composition que le Dieu de la tradition!

D'autres le plantent solitaire au sommet d'une éternité silencieuse, sans action providentielle sur le monde et sur l'homme. Reconnaître Dieu pour s'en passer, cela ne vaut pas la peine d'échafauder un système.

D'autres, enfin, comme Fourier et Cabet, font de Dieu le chef d'état major des sept péchés capitaux; car, si nous regardons l'orgueil, l'avarice, la luxure, la gourmandise, etc., comme des actes coupables, la faute ne saurait en être imputée à Dieu, mais à la société qui ne sait pas tirer profit de ces vices en les réglementant, car ils sont utiles en eux-mêmes et fort aimables.

Nier Dieu, ou dire de lui qu'il n'a rien à démêler avec l'homme, ou bien que, s'il a des rapports avec lui, c'est pour justifier le côté vicieux de la nature humaine, pour moi, je l'avoue, ce sont là des propositions d'une égale portée qui aboutissent toutes à l'athéisme.

Ce qui n'empêche pas ces utopistes de se raccrocher à la robe du Christ pour s'en couvrir, et à son Evangile pour en parodier les maximes. Je vois dans cette effronterie une preuve incontestable de leur impuissance. En invoquant les paroles divines, leur conscience parle et se trahit. Ces pauvres diables de rédempteurs modernes avouent implicitement le besoin d'une autorité dont leurs propres systèmes sont dépourvus. Avec deux ou trois coups de ciseaux dans l'Evangile et des travestissements bouffons, ils se taillent une garde-robe de circonstance, afin de pouvoir se produire, comme le loup déguisé en berger, au milieu de nous. N'est-ce pas de l'hypocrisie en bonne et due forme ? En essayant d'égarer les gens simples et naïfs par l'exhibition des idées les plus saintes, ces Tartufes nouveaux rendent justice à notre cœur, mais en insultant à notre intelligence.

Afin de se perpétuer dans l'humanité, et d'assurer à l'humanité un développement et une action profitables entre tous ses membres, Dieu l'a constituée en société.

Le germe de la société, sa base, sa condition de durée ont été déposés dans la famille. La famille étant le point de départ de la société, elle a été et elle est encore le moule qui donne l'empreinte à celle-ci. Sous tous les rapports, la société n'est que le développement et la contre-marque de la famille. Aussi, est-ce une erreur de penser que la société peut-être réformée, si la famille n'en prend pas l'initiative.

Comment pourra-t-elle prendre cette initiative, si on la déshérite de Dieu. L'idée de Dieu et celle de la famille sont aussi intimement liées que l'idée de la famille et l'idée de la société entre elles.

Chasser Dieu pour détruire la famille, détruire la famille pour changer le milieu social en renversant la société, c'est là une œuvre pleine de logique, je ne le conteste pas.

La famille est une unité composée de trois personnes, le père, la mère, l'enfant.

Je ne parlerai pas des avantages de la famille au point de vue moral et religieux. Il est constant que c'est dans ce milieu que l'homme fait l'apprentissage de la religion, de la vertu, de l'amour du devoir, du respect pour l'autorité, et qu'il est rare, lorsqu'il a manqué de la première éducation, qu'il acquière toutes ces qualités.

Au point de vue social, la famille est une ancre de salut, et aujourd'hui surtout, la plus grande espérance de la société. C'est dans son sein, en effet, que les générations naissantes, par leurs relations avec les parents, peuvent bien apprendre l'obéissance, la soumission, la discipline, la pratique du bien, conditions essentielles du maintien de l'ordre. Un jour, quand la vie pour elles aura changé de terrain, elles reporteront vers la société ces vertus inoculées dans leurs entrailles par l'esprit de la famille.

C'est ainsi que le milieu social peut s'améliorer, et qu'il subira un progrès sérieux, sans passer par de désastreuses innovations.

Mais les socialistes n'y sauraient trouver leur affaire. Je me sers à dessein de ce mot, parce que l'apostolat sent beaucoup la boutique.

Dans tous leurs systèmes, à des différences plus ou moins minimes, la famille n'est qu'un mot sans valeur, auquel ils attachent une grande importance. La famille actuelle, d'après eux, est un non-sens, parce qu'elle est soumise à des obligations étroites et gênantes. Elle est immorale, en ce qu'elle porte atteinte à la liberté humaine, et que cette dépendance fatale amène quelquefois des scandales domestiques. En conséquence, ils veulent briser ces obligations et rendre l'homme et la femme à leur bon plaisir.

Pour obtenir ce résultat, les socialistes font appel aux instincts de la bête et sollicitent les passions brutales. Ils attaquent la nature humaine par la satisfaction des appétits physiques. Ils appellent cela l'émancipation de la famille.

En réalité, ce n'est que l'organisation de la luxure, qu'un système économique d'équilibrer la population en neutralisant à volonté, comme l'a dit Fourier, la fécondité des familles par l'épuisement du plaisir ou *cumul d'amours*.

La famille devient un haras humain dans lequel l'homme perd le titre d'époux et n'est plus qu'un mâle, où la femme cesse d'être épouse pour devenir une femelle, une machine à volupté, et où l'enfant n'est que le produit d'une rencontre fortuite. Là, il n'y a ni père, ni mère, ni enfant. Il n'y a ni devoir, ni affection, ni intimité. On passe sa vie dans la sujétion de l'instinct et dans l'ignoble servitude de toutes les passions. L'ardeur du plaisir dévore le sang, et l'épicuréisme du vice s'infuse dans toutes les parties de l'être. Sous prétexte que les passions ont leur légitimité, on abrutit la nature humaine, afin de l'élever, de la glorifier, qui le croirait ? de la sanctifier !

Telle est la famille socialiste, une polygamie effrénée qui doit s'alimenter de l'inceste même, une perpétuelle chiennerie.

N'est-il pas manifesté que, si la famille traditionnelle était jamais remplacée par la famille utopistique, le milieu social serait changé et la société totalement perdue ?

A coup sûr, les républicains qui, pour le besoin de la circonstance, se sont alliés aux socialistes, méprisent en eux-mêmes l'innovation dont la famille est menacée. Cependant, il ne faut pas s'y tromper, parmi leurs projets de réforme, il en est un qui frapperait la famille au cœur, quoiqu'il ait un air bénin.

Selon eux, en naissant, l'enfant appartient à l'Etat. Il est citoyen avant d'être fils de son père. L'Etat doit l'élever, l'instruire, lui enseigner ses croyances religieuses ou irréligieuses. La famille n'est qu'un moyen honnête de peupler un pays. En lui enlevant ses droits vis-à-vis de l'enfant, on supprime les devoirs de l'enfant à l'égard de son père et de sa mère. Ainsi, la famille est détournée de sa destination originelle et véritable, et, comme conséquence, il faut bien convenir, d'après ce que nous avons dit plus haut, que la société est dépouillée de sa plus précieuse garantie de stabilité, d'ordre et de perfectionnement.

Les républicains rouges, quoique procédant par d'autres moyens, ne sont pas, sur cette question, beaucoup éloignés des socialistes, leurs amis du quart-d'heure.

Parmi les adversaires de la famille, les uns l'attaquent par l'émancipation de la femme, les autres par l'émancipation de l'enfant aussitôt né, d'autres enfin, par ce que j'appellerai l'émancipation de la propriété.

Nous avons vu que Dieu et la morale n'ont pas trouvé grâce devant les théories perverses du socialisme.

En sera-t-il de même du droit, sous sa forme la plus palpable, la propriété ? Cela doit être, cela est.

Le communisme, c'est-à-dire la négation du droit, est, dans tous les systèmes des socialistes, explicitement ou implicitement. M. Louis Blanc lui-même, qui est un modéré de l'espèce, dans l'appendice de son *Organisation du Travail*, regarde l'hérédité comme une absurdité qui tient au milieu social actuel, et qui ne peut manquer, tôt ou tard, de disparaître.

Après les ouvrages si nombreux qui réfutent péremptoirement le communisme, nous n'insisterons pas sur ce point.

Nous dirons seulement que la mise en commun des biens de tous serait un vol fait à tous, au profit des désœuvrés. L'État serait le père nourricier de la famille sociale, mais il aurait à entretenir bien des enfants paresseux sur lesquels il n'aurait d'action qu'en les laissant mourir de faim. L'homme, égoïste de sa nature, ne consent pas à travailler pour son voisin. S'il répand des sueurs, il veut qu'elles lui profitent directement. Lorsqu'il a deux sous au fond de son escarcelle, il aime à les conserver pour lui ou les siens, ou bien à pouvoir en disposer de plein gré. L'ordre, et partant la société, tient intimement à l'attachement de l'homme pour le sol qu'il féconde de son travail, pour le modeste pécule qu'il a économisé, pour ses enfants auxquels il veut transmettre le fruit de ses longues fatigues. Proclamez le communisme, vous le découragez en lui ôtant toute émulation appréciable ; il croirait travailler en vain, il ne s'y résoudra pas ; il préférera se battre pour le coin de terre dont on l'aura dépouillé, ou mourir sur le seuil de cette mauvaise habitation dont il ne sera plus propriétaire.

Le peuple ne peut s'abonner en masse à des romans, ni vivre d'une vie artificielle. Toutes les utopies se brisent contre l'écueil de la pratique. Les songes ne supportent pas l'épreuve de la réalité. Le Jupiter de la société foudroiera toujours les Titans du désordre.

Des hommes qui ont eu la folle prétention d'organiser Dieu, d'organiser la famille, à plus forte raison, devaient-ils avoir celle d'organiser la propriété. Il se trouve que cette organisation, la moins absurde au fond, en raison même de son plus de possibilité, rencontrera les plus intraitables adversaires.

Ce n'est pas tout, en fait d'organisation.

Quelques socialistes, poussant cette idée dans ses conséquences les plus extrêmes, ont voulu aussi organiser l'homme.

Nous dirons deux mots de cette fantaisie philosophique.

CHAPITRE IV.

LES SOCIALISTES ET LA NATURE HUMAINE.

Pour arriver à changer le milieu social, ce n'est pas tout de reléguer Dieu dans le néant et dans l'immobilité, et de modifier profondément la famille. Il faut changer la nature humaine, et l'organiser d'une autre façon.

Les bonnes gens, qui ne voient les choses qu'avec la grosse lunette du bon sens, pensent que, pour organiser l'objet le plus infime, un œil, un doigt, une mouche, il faut l'avoir créé ou être capable de le créer.

Les socialistes, qui ont de l'esprit, sont d'une opinion contraire.

Dieu n'a pas bien fait ce qu'il a fait. Et l'homme, qui est son chef-d'œuvre, est une création assez inférieure pour appeler la sollicitude des réformateurs.

Poser ainsi la question, ce serait déclarer une guerre ouverte à Dieu, on le comprend, mais une guerre pleine de franchise. Ici les socialistes font une légère volte-face. Ils déclinent une révérence devant l'Être-Suprême, et acceptent l'homme comme une œuvre excellente en principe. Si l'Être-Suprême échappe cette fois à leur anathème, c'est pour que cet anathème retombe plus lourdement sur le dos de la société. A

Dans tous les pays, à toutes les époques, les

religions, les peuples, les philosophies elles-mêmes, ont reconnu dans le monde et dans l'homme deux principes perpétuellement en lutte, le bien et le mal.

Une observation élémentaire de la nature humaine constate irréfragablement la présence et l'action en nous-mêmes de ces deux principes.

L'expérience nous apprend que les meilleurs procédés orthopédiques de l'éducation ne peuvent quelquefois corriger une âme touchée par le mal ni redresser un caractère vicieux.

Suivant que l'homme fait prévaloir dans sa pensée et dans ses actes le principe du bien ou le principe du mal, aux yeux de tous, il mérite ou il démérite, il est saisi d'une légitime satisfaction ou atteint par le remords.

Cette lutte incessante qui s'établit en lui, quand elle profite au triomphe du bien, fait la gloire, la grandeur et l'estime de l'homme.

C'est par ce triomphe ascensionnel qu'il s'élève, s'améliore et se purifie. Par les progrès qu'il obtient sur ses passions, il contribue, dans la limite de son influence, au progrès de la société.

Il y a une profonde erreur à croire que les gouvernements ont ou doivent prendre l'initiative des réformes qui sont un progrès réel. Les réformes sérieuses, durables, sont celles qui partent de l'individu, c'est-à-dire, celles qui portent sur les mœurs.

Si mon assertion n'était pas exacte, philosophiquement, elle serait assez justifiée par l'histoire contemporaine.

Depuis un demi-siècle, incontestablement, la société, en France, a fait des conquêtes politiques. A-t-elle fait des conquêtes morales ? Progressive dans les idées, elle est restée station-

naire dans les mœurs. Le parallélisme des idées
et des mœurs n'existant pas, l'équilibre a plus
d'une fois manqué. Elle a eu l'attitude d'un
homme qui pense sans bouger de place, qui veut
sans agir. Il en est résulté que jusqu'à présent le
progrès a beaucoup ressemblé à une série perpétuelle de déménagements, qu'il a coûté des
larmes, et que, plus que jamais, il a besoin d'être
consolidé. Changer, améliorer les mœurs, tel est
le point difficile de la situation, qui ne peut pas
être tranché par une épée officielle, mais qui ne
peut être dénoué que par la libre initiative des
individus.

Si l'homme n'est pas aussi bon qu'il devrait
l'être, cela tient à la fois au principe du mal qui
est en lui et à son défaut de volonté de se per-
fectionner.

La société peut en souffrir; elle ne saurait en
être responsable.

Prétendre, comme les socialistes, que le changement du milieu social amènerait la perfection
de l'homme est aussi absurde qu'injuste.

S'il y a des voleurs, des gourmands, des en-
vieux, des meurtriers parmi les hommes, il faut
en accuser le milieu social qui favorise les ac-
tions perverses et dépravées; il faut s'en prendre à la société telle qu'elle est, qui ne sait pas,
à cause de sa mauvaise organisation et de ses
mauvais principes, tirer un parti avantageux des
vices et des défauts de l'espèce humaine.
C'est l'opinion de ces messieurs.

Créez le phalanstère ou la commune, di-
sent les socialistes, et vous supprimez tout cela
qui n'est qu'un accident de circonstance et un
inconvénient d'atmosphère.

En tenant ce langage, les utopistes flattent les
passions. Les flatter, c'est y croire.

Je le demande de bonne foi, dans le phalanstère ou dans la commune, avec la plus grande égalité possible des avantages matériels, avec la liberté absolue des amours, empêchera-t-on qu'un habitant du rez-de-chaussée ne désire le premier étage, et réciproquement ; qu'un géniteur ne convoite l'amour exclusif d'une femme, au prix de son repos et de sa vie ; que l'ennui et le dégoût ne succèdent aux folies du plaisir ? Malgré cette simple maxime que *les destinées sont proportionnelles aux attractions,* les socialistes feront-ils jamais qu'un de leurs disciples accepte avec joie, par vocation, le rôle de vidangeur ? La nécessité peut bien imposer ce rôle dans la société, mais, à coup sûr, l'attraction n'y est pour rien.

Après avoir dit que l'homme n'est mauvais que parce qu'il est déplacé, les socialistes ajoutent en chœur avec beaucoup de tendresse dans la voix, qu'il *est né pour le bonheur,* et que l'application de leurs doctrines seules peut le lui procurer.

Plût à Dieu que cela fût vrai ! mais ce n'est qu'un triste et grossier mensonge sans cesse flagellé par l'expérience.

La loi de l'homme, c'est le travail, et sa condition, la souffrance.

Le travail est un devoir de premier ordre, quand il n'est pas une nécessité fatale. Mais il n'est jamais un plaisir, surtout un plaisir sans peine. Tout dit que l'homme est sur la terre, en épreuve passagère, il est vrai, afin de gagner son pain à la sueur de son front. Les efforts des socialistes n'aboutiront jamais à le condamner à s'amuser.

Lorsqu'ils auront, je suppose, rendu le travail attrayant, supprimeront-ils la douleur physique? Epargneront-ils à leurs convertis la douleur morale? Je sais qu'ils s'en vantent. Lorsqu'ils auront donné à toutes les passions leur essor légitime, les souffrances d'un cœur vide, d'un esprit désillusionné, d'un amour-propre froissé, d'un désir contrarié, d'une vanité blessée, d'une ambition déçue, conserveront encore le caractère implacable et permanent qui se retrouve au fond de la nature humaine. Ces souffrances intérieures sont mille fois plus cruelles que les souffrances du corps. Elles sont la dot inaliénable de l'humanité, et sa loi de perfectionnement.

On le voit, les aberrations du socialisme sont aussi logiques que subversives. Et c'est là un pauvre compliment à leur faire.

Elles enlèvent à l'homme Dieu, la famille, la propriété, la société, sa propre nature, pour y substituer un Dieu de fantaisie, une famille de fantaisie, une propriété de fantaisie, une société de fantaisie, une nature de fantaisie.

CHAPITRE V.

LES SOCIALISTES ET L'ASSOCIATION DU CAPITAL, DU TRAVAIL ET DU TALENT.

La générosité de nos sentiments trompe souvent notre raison. Nous étudions avec le cœur, quand il ne nous faudrait étudier qu'avec la tête. Je ne m'en plaindrais point, je l'avoue, s'il n'en résultait des illusions perfides et de cruelles déceptions. Tous les projets d'amélioration du sort des travailleurs, de quelques livres qu'ils tombent, s'ils sont sincères, me touchent profondément. Car, pour qui aurions-nous des sympathies, sinon pour ces braves gens qui portent le poids du jour et de la chaleur, qui labourent la terre, qui tissent nos habits, qui construisent nos voies de communication, qui, en un mot, sont les bras de la société? C'est précisément parce que nous les aimons, que nous devons les éclairer, et surtout leur ouvrir les yeux sur leurs véritables intérêts.

Pour mon compte, je m'estimerais heureux, si je réussissais à désaveugler un seul ouvrier de ces menteuses doctrines, à l'aide desquelles des rêveurs ambitieux veulent transformer la classe laborieuse en un vaste piédestal pour y asseoir la personnalité superbe de leurs vices.

Depuis long-temps, plusieurs formules remarquables de concision, et, en apparence de clarté, ont été lancées par les socialistes, comme autant de projectiles incendiaires, dans le cerveau des masses qu'elles ont troublées, et à travers leur existence qu'elles ont déjà si largement ravagée.

L'une de ces formules, la plus rebattue, la plus dangereuse, et la plus perfide, est celle de *l'association du capital, du travail et du talent.*

Je veux considérer cette question en me plaçant au point de vue de l'intérêt des travailleurs.

Je ne suis pas riche; c'est pour cela que la chose m'intéresse. Il est toujours agréable d'entretenir des relations amicales avec un bon capital. Donc, j'ai dû moi-même réfléchir à ce beau projet. Et il est arrivé malheureusement que j'y ai rencontré quelques objections assez considérables. On conçoit que j'aie été un peu contrarié, car l'idée me plaisait, et son application me paraissait si facile quand je la lorgnais avec la lunette socialiste si admirablement grossissante.

Depuis que j'ai déposé dans la hotte aux chiffons ce prisme menteur, pour le remplacer par le bon sens, j'y ai vu autrement clair, autrement juste.

Associer le capital, le travail et le talent, ou cela veut dire qu'il faut rendre leurs destinées solidaires et indivisibles, ou cela ne signifie rien.

Rectifions d'abord dans la formule une assez lourde faute.

Le travail et le talent ne sauraient être scindés sous aucun rapport. Il n'y a dans ces deux expressions qu'un seul fait, que les deux termes inséparables d'une même identité; car, pas de travail sans talent, pas de talent sans travail. On ne citerait aucune besogne tellement infime qu'elle n'ait ses traditions d'art; ou bien elle n'existerait pas.

Le *capital* et le *travail* ne s'unissent qu'en vue du *produit*. Dans ce mariage de raison dont les socialistes veulent faire un mariage de sentiment, le capital (*caput*, tête, chef) joue le rôle du mari, le travail celui de la femme, et le produit celui de l'enfant. Le produit, n'en déplaise aux économistes que nous combattons, doit figurer au point culminant de la formule.

Association, soit ! mais sachons que le travail en est le principe, la source, pour ainsi dire, la matrice, le produit le but, et le capital le moyen, la matière fécondante.

Or, ce mariage, en fait, existe depuis le commencement du monde. Il est inutile que les socialistes se chargent d'en publier les bans.

Il faut convenir que pendant dix mois, et même encore à présent, l'entente n'a pas été des plus cordiales entre les deux époux.

Mais remarquons-le bien. Autre chose est de souffrir l'un par l'autre d'une antipathie de circonstance, causée par des événements imprévus et une intervention diabolique ; autre chose est de ne se pas trouver sous le joug d'une solidarité contractuelle. De cette réciprocité de mauvaise humeur, je puis difficilement conclure à la nécessité d'associer le capital et le travail dans d'autres termes de rapport, de même que si cette association était au nombre de ces actes facultatifs pour lesquels on est en mesure de s'y reprendre à plusieurs fois.

Le Sganarelle de Molière changeait arbitrairement la place du cœur. — « Nous ne sommes pas forcé d'être aussi savant que vous, » lui répondait poliment Géronte.

N'étant pas si socialiste que de croire au divorce du capital et du travail, je ne crois pas davantage à l'opportunité de leur association nouvelle sur les bases préméditées, et dont les proportions me semblent difficiles à déterminer.

Même dans le projet si rabâché d'association entre le capital, le travail et le talent, il est à remarquer que les trois termes de la règle de proportion procèdent de l'inconnu à l'inconnu : méthode neuve et peu concluante.

Évidemment, avec les professeurs du jour, nous retombons dans la tyrannie de l'arbitraire contre laquelle on proteste. Le capitaliste reste libre dans ses stipulations, comme le travailleur dans ses prétentions.

Si les faiseurs d'associations veulent sortir d'embarras et dégager un quotient, il faut qu'ils fassent intervenir le *produit*.

Et l'ouvrier, au milieu des dispositions mutuelles de défiance qui règnent encore, a son intérêt à préférer le salaire, tout restreint qu'il semble, à ce qu'on nomme l'association qui n'aboutirait qu'à le placer plus durement sous la coupe du capitaliste.

En définitive, le salaire n'est que l'escompte d'une association de fait entre le capital et le travail.

Le travailleur paye cet escompte cher, si l'on veut ; mais, à ce prix, du moins, il se trouve quitte. Sa part dans le produit commun est nette et liquide, libre de tout événement ultérieur qui grèverait sa solidarité dans des proportions désastreuses.

Avec le salaire, a-t-il besoin de suivre son associé dans le dédale de ses comptes, de le suspecter de plus en plus, de l'assaillir de chicanes devant les tribunaux, de se rompre la tête par l'inspection des registres, et de faire la balance des profits et pertes ?

Le salaire a *simplifié* la question qui s'embrouillerait nécessairement avec l'association.

L'entrepreneur, dira-t-on, risque de s'enrichir?

Il faut le lui souhaiter. Mais cet enrichissement hypothétique ne doit pas tenter le travailleur. Pour un entrepreneur qui fait fortune, des centaines se ruinent ou vivent au jour le jour. Il serait dangereux de confier son avenir à l'exception. « Un tiens vaut mieux que deux tu l'auras, » dit un vieux proverbe. Les vieux proverbes sont sages.

Et puis, l'ouvrier qui ne perçoit que son salaire laisse aussi à la charge de l'entrepreneur le chapitre personnel de ses dépravations ou de ses chimères, dont les contre-coups sont souvent fort à craindre. Sans compter qu'avec certaines catastrophes qui surviennent, tel matériel d'établissement perd, en un clin-d'œil, sa valeur ; et, le cas échéant, l'ouvrier se trouverait sur la paille à côté du chef de l'association.

Que serait-ce, si j'entrais dans les détails des faux-frais, des faillites subies, des escomptes à prélever?

L'expédient du salaire est la ressource de l'ouvrier, son appui, sa délivrance. En attendant des jours meilleurs pour lui, il doit disputer sa place au soleil.

D'ailleurs, par le moyen du salaire, il a négocié sa part de communauté sur la base d'un compromis verbal de bonne foi. Et il y gagne de n'être lié que dans la mesure de sa convenance.

L'indivisibilité de tout capital d'établissement étant, surtout en grande échelle, un moyen d'économie pour la gestion, il est utile que l'unité de gestion se caractérise dans la personne du maître. Cette nécessité vient des choses mêmes.

S'il arrivait, par hasard, que le maître, réalisant de gros bénéfices, et pris d'une belle passion pour les intérêts de l'ouvrier, lui proposât d'associer son travail à son capital dans une mesure dont le salaire antérieur fournirait la proportionnelle, l'ouvrier ne devrait pas hésiter à prier cet excellent patron de traduire son bon vouloir par la simple augmentation du salaire, en disant : « Ce que vous ne me donnerez que
» dans deux, trois, six mois, un an, donnez-le
» moi tout de suite, en pesant ce que cela vaut.
» Je vous ferai ma quittance, et nous n'aurons
» pas de difficultés. Je ne serai peut-être pas le
» plus mal partagé par la fortune, car, en fin
» de compte, c'est l'événement qui décide ; si-
» non, nous y trouverons l'un et l'autre notre
» avantage, et nous n'en serons pas plus mau-
» vais amis. »

N'est-ce pas un bon parti à prendre et à conseiller ?

Propagé par des sophistes oisifs, ce mauvais rêve de l'association du capital et du travail sur les données socialistes s'était installé dans beaucoup d'esprits de la classe laborieuse, pendant une période de dix mois, au moins. Qu'est-il arrivé ? Le capital qu'on voulait violenter s'est caché. Le travail s'est tristement croisé les bras. Hommes et machines se sont reposés dans un milieu d'effroi mêlé de levains terribles. En dépit du mot de fraternité qui était sur les lèvres, nous nous sommes morcelés en catégories fratricides. Dans les journaux, sous le quinquet sinistre des clubs, au fond des cabarets, chez les amis, on a jasé, de droite à gauche, des moyens de faire capituler les chefs d'industrie, c'est-à-dire, en bon français, des procédés avec lesquels on pourrait aborder le problème de l'association.

Vrai problème, en effet! Jamais on ne s'est moins entendu; jamais on ne s'est moins associé. La menace jetée aux maîtres se traduisait en supplications impératives adressées à l'Etat. C'est vers l'Etat qu'on s'accorde, en définitive, à tourner les regards, pour le charger des responsabilités dont on se sent incapable. L'Etat, mot magique, auquel on attribue d'autant plus de puissance que l'être qu'il particularise, est davantage bafoué par la tempête des révolutions, l'Etat était chargé d'opérer ce miracle. Il ne pouvait rien, il ne fit rien. Les entrepreneurs ne se proposèrent rien; les travailleurs furent désœuvrés; et l'association menaça de s'établir pour long-temps entre l'improduction et la paresse.

Franchement, est-ce l'organisation de l'industrie qui était sur le tapis des discussions? Et ne procédait-on pas plutôt à son ensevelissement? C'était le désir des socialistes.

Les maîtres, sur le terrain de l'association, doivent rester libres comme les ouvriers. La loi, pas plus que la violence, ne peuvent la leur imposer. Elle appartient tout entière à l'initiative des uns et des autres.

Il faut laisser aux maîtres et aux ouvriers l'option, selon leurs vues personnelles, leur prudence et leurs économies, entre l'association avec ses tracas et le salaire avec ses insouciances.

J'insiste sur cette antithèse dont on ne tient pas assez compte.

Il y a toujours eu deux formes d'association dans l'industrie. L'absurdité du socialisme est de n'en voir qu'une. Le salaire est la plus libre de ces formes; et, comme tel, convient à beaucoup plus de gens qu'on ne le croit généralement.

Répétons-le sans cesse comme un défi qu'il n'est plus possible d'esquiver : — *Le salaire, pris en lui-même et considéré dans sa valeur intrinsèque, n'est que l'escompte d'une société de fait entre le travailleur qui le demande et l'entrepreneur qui l'accepte et le doit.* Le salaire est de l'association pure. C'est *une convention* aussi bonne qu'une autre, entre *deux libertés* qui s'entendent comme elles veulent.

On objectera qu'un ouvrier qui se dérange les trois quarts du temps; qui, par suite, brise autour de lui toutes les relations honnêtes; qui fraye avec les paresseux, avec les turbulents, avec les rêveurs; qui n'a pas de famille ou de ménage; que cet homme, ainsi traqué par ses mauvaises mœurs, est *moins libre* que l'ouvrier laborieux et moral de refuser tel ou tel mesquin salaire, parce que le cercle des ateliers finit par se restreindre autour de lui; qu'alors il se perd dans une ruine plus ou moins rapide; que son intempérance, les goûts crapuleux qu'il a contractés, les suspicions qui s'attachent invinciblement à son caractère, le placent à deux doigts du vagabond et du mendiant.

Je l'accorde volontiers.

Mais est-ce une raison pour l'imposer à titre *d'associé* dans les opérations industrielles? Voudrait-on qu'un semblable travailleur soit vêtu, logé, nourri, blanchi, éclairé, aux frais de l'association dont il sera le fléau? Lui fera-t-on son lit, lui dressera-t-on sa table, aux dépens de ses camarades? Mariera-t-on son incurable paresse au sort du capital, alors que le capitaliste ne doit s'en soucier d'aucune façon? Faudrait-il donc métamorphoser l'entreprise en vassale des faux ouvriers, certains désormais d'être défrayés à tout hasard et de par la loi?

Poser de telles questions, c'est les résoudre. On doit le comprendre, la question des mœurs passe avant celle de l'association. C'est dans le problème de notre conduite que se trouve celui de nos vrais rapports ; et la réforme des rapports industriels est dans la tendance de chacun vers la moralité.

Si l'ouvrier, dont j'ai esquissé plus haut le portrait, devenait, par le hasard d'un héritage, capitaliste, à son tour, on peut croire que, lors même que dans son changement de fortune, il conserverait ses mœurs, il chasserait de son atelier, sans aucun scrupule, tous les ouvriers qui se targueraient de son exemple pour se comporter comme lui. Ou, s'il les employait, ce ne pourrait être que par pitié. Mais, à moins d'être fou, il ne se les associerait nullement.

En dernière analyse, le salaire est une proportionnelle qui laisse les goûts et les mœurs libres, dans une association qui n'oblige pas au-delà du temps qu'on a voulu.

Viendra-t-on me dire qu'un ouvrier, un de ces excellents ouvriers comme j'ai l'honneur d'en connaître, travaillant régulièrement six jours sur sept ; se ménageant à lui et aux siens un habit propre pour les dimanches ; fuyant les mauvais camarades et les mauvais lieux ; persévérant courageusement à donner le bon exemple à ses amis et à ses enfants ; répandant la bonne odeur de ses mœurs et la paix dont son cœur est plein dans le cercle des relations qu'il a su se former autour de sa famille ; faisant des économies ; perfectionnant la pratique de son industrie dans le triple intérêt de son intelligence, de son ménage et de son avenir ; — me dira-t-on que cet ouvrier spécule niaisement, afin de trouver un jour ou l'autre de la besogne et se soustraire aux chômages, sur le *droit au travail* dont se préoccupe le socialisme? Non, assurément. Cet homme s'est créé un autre monde, un monde réel, que son camarade ne connaît pas. Ne touchât-il que le même salaire, il est quatre fois plus riche. Il peut, sans doute, avoir de mauvaises saisons comme la France entière; mais alors il ne regarde pas la fortune de son pays, souffrant en ce moment ainsi que la sienne, comme une vache à lait qu'il fera contribuer par des menaces à la manière de M. Proudhon. Il a sa place aux rayons de soleil des beaux jours, parce que sa réputation est faite, et qu'il n'est pas en divorce, comme un socialiste, avec tout ce qui l'environne. S'il est pour le salaire, ce peut être par choix. S'il est pour l'association absolue, c'est parce qu'il peut y entrer dans la proportion de ses épargnes. Personne ne refusera ses bras et son concours. L'option entre ces deux alternatives ne sera pour lui qu'une question de goût et d'opportunité.

Il serait à souhaiter que ce contraste fût nettement saisi par nos disputeurs modernes.

Ces messieurs ont deux yeux, comme vous et moi, pour envisager la question sous sa double face. Mais il suffit d'être socialiste pour se rendre borgne.

Il ressort clairement qu'ils appauvrissent le choix de la liberté humaine. Les progrès dont ils nous endoctrinent sans cesse ne sont vraiment que des démolitions. Déjà, comme des échappés de Charenton qui sont près de sauter par-dessus les murs pour se loger à la belle étoile, ils font voler en débris l'édifice du salaire, sous prétexte que le salariat nous exploite et que nous en sommes esclaves.

C'est tout simplement une grossière sottise.

Ils sont plongés dans le contre-sens. Il ne faut pas craindre de le leur dire et de les poursuivre l'épée de la logique dans les reins.

En effet, en voulant briser sans retour les termes de rapport que la forme d'association instituée sous le nom de salariat établit entre le mercenaire et l'entrepreneur, que font-ils? sinon:

Supposer entre le capital et le travail des proportions préconçues que leur vaine science ignore;

Substituer leur idéal qu'on ne sait par quelles routes atteindre aux réalités dont on profite, dont on vit;

Partir de la supposition fausse que les intelligences, les dispositions et les moyens sont uniformes dans chaque homme;

Détruire la hiérarchie des cadres, sous prétexte d'étendre des droits de toutes les fonctions à tous les individus;

Ajourner au temps où pourra se faire mathématiquement la répartition des profits et pertes, l'invariable satisfaction des nécessités quotidiennes de vivres, de vêtement, etc.;

Obliger chacun à cumuler les fonctions de travailleur et d'entrepreneur;

Subordonner la vie du travailleur, son calme nécessaire à l'issue de la journée, son besoin de distraction ou de repos après la fatigue, aux chances hypothétiques du capital, lorsque, après tout, ledit capital peut fort bien ne pas fournir de dividende;

Manger l'association en herbe par la nécessité de défrayer tout d'abord un immense personnel, puisque la quantité future des produits est un secret dont seule la Providence est dépositaire;

Accumuler sur la tête de chacun, quel que soit son caractère, des responsabilités dont la division est essentielle;

Engendrer le conflit simultané des surveillances, et semer proportionnellement des germes de haine et de procès;

Enfin, mettre quotidiennement chaque entreprise à la veille d'une liquidation permanente.

Ainsi est-il de cette chimère de l'association du capital, du travail et de talent.

Il est loin de notre pensée d'avoir voulu implicitement attaquer en même temps l'association en ce qu'elle a de praticable, d'utile, de sérieux, telle que celle des secours mutuels. Nous faisons la guerre à une utopie, voilà tout.

Pendant que les socialistes, d'un côté, sollicitent le capital de s'unir au travail, de l'autre, ils le poursuivent avec une persistance satanique. Ils l'invoquent, afin de fonder des établissements dont le but est de le discréditer et de le supprimer. Le capital n'allant pas à eux, ils le menacent de le rendre improductif. Le capital tient bon, en se riant de ces anathèmes puérils, et ses ennemis, par une juste réciprocité, sont seuls condamnés à l'improductivité.

Du reste, soyons-en bien persuadés, cette improductivité du socialisme ne tient ni à l'absence ni au mauvais vouloir du capital.

Le Christ a fondé sa doctrine sans capital; ses apôtres l'ont propagée sans capital; et encore n'étaient-ils pas des gens d'esprit comme les socialistes.

Une idée bonne fait toujours son chemin dans l'humanité, malgré la pauvreté et l'obscurité de son auteur, malgré les obstacles qu'on suscite contre elle.

Si le socialisme ne croit avoir d'avenir que

par l'appui du capital, eh bien, que le capital
intervienne ou non, il est jugé ; son impuissance
est manifeste : il doit se résigner à mourir sans
avoir ni laisser des regrets.

CHAPITRE VI.

LES SOCIALISTES ET L'EXPÉRIENCE.

Les socialistes, involontairement, abrégent beaucoup ce chapitre.

Leurs systèmes posent d'énormes problèmes dont la solution contient les destinées de l'humanité, ni plus ni moins.

Or, l'humanité, depuis son origine, a bien vécu sans le secours des socialistes. N'importe, ils veulent compléter son bonheur, malgré elle.

On se demande naturellement ce qu'ils ont tenté pour arriver à ce résultat, c'est-à-dire pour réaliser leurs idées.

Certaines sectes ont déjà tâché de construire les ateliers fantastiques du monde futur. Leur insuccès nous permettra de diminuer le nombre de ces pages.

Les phalanstériens se sont mis à l'œuvre les premiers. Depuis 1830, ils ont essayé d'essayer trois essais, en France. A Condé-sur-Vesgre, l'état-major de la doctrine, commandé par son chef, M. Victor Considérant, s'était mis à la tête de la fondation, dans d'excellentes conditions, avec de bonnes ressources. Les divers coryphées de la secte se disputèrent avec acharnement ; et, finalement, il n'y eut d'entente sérieuse qu'à dévorer rapidement les capitaux, sans rien produire. Et ces messieurs se séparèrent phalanstériens comme auparavant. — A Citeaux, celui qui se chargea d'appliquer l'idée de Fourier fut un digne anglais, aussi confiant dans l'ardeur de sa foi que dans la quantité supérieure de son argent qui dépassait la somme de deux millions. Les confrères vécurent bien et assez joyeusement sur la bourse du patron de l'œuvre pendant quelques mois. Puis la colonie se dispersa. — Aux environs de Moulins, l'essai fut tenté sur un pied plus modeste, je veux dire plus restreint, car on ne doutait pas du succès. Les phalanstériens ne firent que de l'agriculture, à la vérité, entremêlée de petits soupers dignes de gens qui s'entendent à ce travail attrayant. Ils avaient labouré, ensemencé, cultivé les champs selon la méthode de Fourier, gardé les troupeaux à cheval, et pioché avec des gants. Rien n'y put faire. On abandonna la ferme louée avec un certain désappointement. — Aux Etats-Unis, ils avaient élevé sur de grands frais le magnifique phalanstère de Brooke qui a fonctionné d'une manière prospère pendant plusieurs années. Eh bien, au mois d'août dernier, la boutique a été vendue à *l'encan*.

Pourquoi cette stérilité d'efforts?

Les phalanstériens se sont toujours rejetés sur la forme et le mauvais vouloir des gouvernements. Sous la monarchie, ils attendaient la république. Cependant, leurs frères d'Amérique jouissaient du régime démocratique. En somme, ils sont difficiles à contenter. Dépourvus de capitaux, ils crient; pourvus de capitaux, ils échouent. Ils échouent en monarchie comme en république. Que veulent-ils de plus?

Avant la révolution de 1848, les socialistes étaient paisibles. Ils faisaient peu de livres; on en lisait encore moins. Ils constituaient une espèce d'école philosophique qui ne faisait pas de bruit, et qui n'était bien connue que des amateurs qui s'occupent du mouvement intellectuel. Le soleil de la république a réveillé tous ces moucherons à deux pattes qui tiennent une plume, et en a fait pulluler une myriade d'autres. Ils ont cru pouvoir profiter de l'ébranlement des cerveaux et de l'effervescence passagère des esprits, pour mettre leurs idées en pratique.

Un homme, plus connu par un pamphlet historique contre la dernière monarchie que par ses écrits socialistes, fut porté au pouvoir par la circonstance du 24 février. Il voulut se servir de sa position pour essayer d'organiser l'industrie. Mais il commença par la désorganiser. Et les plus amères, les plus justes critiques de son système sortirent de la plume des ouvriers.

Installé au palais du Luxembourg, le premier acte du proconsul provisoire fut de réduire le nombre des heures de travail d'une manière uniforme pour toutes les industries. Cette réduction était une augmentation de salaire, c'est-à-dire une charge énorme imposée aux industries, déjà gravement atteintes par la commotion révolutionnaire et compromises par le manque de débouchés. La mesure n'a pas pu tenir.

Ennemi vigoureux et éloquent de la concurrence, M. Louis Blanc voulut fonder une association d'après ses idées. Il en établit un modèle dans les bâtiments de la prison de Clichy qui ne tardèrent pas à reprendre leur première destination. Le trait caractéristique de cette association consistait dans l'égalité des salaires, quels que fussent le genre de travail, l'assiduité, et la capacité des ouvriers qui en faisaient partie. Au premier coup-d'œil, sans qu'il soit besoin d'un examen approfondi, l'égalité des salaires est une flagrante injustice. Il a fallu des gens ardents, à tenter une épreuve et à être agréables à M. Louis Blanc pour que l'atelier de Clichy pût s'établir et fonctionner même une semaine.

De toutes ces chimères, il en reste peu de chose.

Le tour de M. Cabet est venu.

Après avoir pendant longtemps rassemblé sous par sous un capital assez rond, le chef du communisme a songé à réaliser son *voyage en Icarie*. Je ne sais pas si ce voyage n'a pas été appelé ainsi pour rappeler l'aventure de ce jeune niais de la mythologie païenne qui, s'étant attaché des ailes artificielles afin de s'élever au-dessus de sa condition, alla tristement se noyer dans l'Océan, c'est-à-dire se perdre dans le néant de ses prétentions et l'abîme de son rêve.

Quoi qu'il en soit, M. Cabet a déjà fait deux ou trois expéditions de disciples pour le Texas qui est son Icarie. Les correspondances arrivées de ce prosaïque pays renferment de tristes détails et un douloureux enseignement sur la vanité de ces théories qui veulent créer quelque chose en dehors de l'humanité et du sens commun. La police correctionnelle sera peut-être obligée de mettre fin à ces tentatives insensées et ruineuses, dans l'intérêt des dupes du communisme. Nous devons être réservé, par conséquent : malheur oblige.

Passons au dernier novateur qui clot la liste des expériences entreprises par le socialisme, à M. Proudhon.

En fondant la *Banque du Peuple*, M. Proudhon a confessé hautement que cette institution était la fine fleur de toutes les doctrines socialistes, qu'*en dehors de cette institution elles n'étaient qu'utopies et chimères*. Après avoir souffleté

de main de maîtres Fourier, Considérant, Cabet,
Louis Blanc et bien d'autres, M. Proudhon pouvait inspirer quelque confiance. Hélas! la pratique de son doigt cruel a touché l'œuvre de la
Banque du Peuple. C'était un rêve formé de la
quintessence de tous les autres rêves. Le manque du capital a tué celui qui voulait tuer le capital. Cette fameuse institution a vécu ce que vivent les roses. Elle n'est point morte en odeur
de sainteté et d'habileté. Et pourtant, le maître
était là !

Après ces épreuves qui nous paraissent ins-
tructives, il y a encore des gens aveuglés qui
croient à l'avenir promis par des prophètes im-
puissants.

Mais un jour viendra où, la lumière ayant
dessillé les yeux obscurcis de l'esprit, la masse
des hommes égarés par le socialisme se lèvera
pour lui dire :

« Ne nous promettez pas tant d'institutions,
» tant de droits, tant de libertés, tant de bon-
» heur. Donnez-nous seulement du pain, pour
» nous nourrir, nous, nos femmes et nos enfants.
» Ceux qui nous donnent du pain sont nos véri-
» tables amis. Or, vous n'avez jamais su que
» nous distraire de nos travaux par la flatterie,
» par le mensonge, par l'appât d'une félicité
» qui n'existe point. Éloignez-vous de nos ate-
» liers où vous n'avez semé que des ferments de
» haine, de nos familles que vous avez voulu dé-
» moraliser en les dépouillant du devoir qui
» contient les mauvais instincts, de l'intimité qui
» adoucit la fatigue, de l'affection qui console la
» misère. Éloignez-vous ! Vous êtes nos plus
» cruels ennemis. »

Les socialistes qui ont fait appel à l'expérience
ont tous pitoyablement succombé.

Il y en a qui restent enfermés dans les nuages mystérieux de leurs théories.

A ceux-là, nous posons ce dilemme :

Si vous savez, qu'attendez-vous ?

Si vous attendez, que savez-vous ?

C'est beaucoup, disait Rivarol, de n'avoir rien fait ; mais il ne faut pas en abuser.

J'ai peur qu'ils en abusent.

CHAPITRE VII.

CONCLUSION.

Résumons brièvement l'appréciation que nous avons faite du socialisme, afin d'en tirer un utile enseignement.

Dans les ouvrages de Fourier, Saint-Simon, Cabet, Proudhon, Pierre Leroux, etc., le socialisme est un poème obscur, un idéal vague, un paradoxe de quelques eunuques historiques.

Le socialisme repousse ou défigure l'idée de Dieu, parce qu'elle est une immense autorité dans l'humanité, et qu'elle y perpétue le sentiment de l'ordre, du respect, de l'obéissance et du devoir.

Il change les conditions de vie morale de l'homme, pour le réduire au rôle de machine ou de brute, puis manier la machine à souhait.

Il détruit la famille, en émancipant la femme et l'enfant, parce que la famille est le boulevard de la société.

Il poursuit la propriété, parce que la propriété est une des garanties de la stabilité de la société.

Il tend ainsi à bouleverser le milieu social afin de constituer une société sur de nouvelles bases et à son image.

En deux mots :

L'ensemble dogmatique des théories socialistes donne le néant de tous les dogmes acceptés par la loi et la raison de l'humanité.

L'addition des théories socialistes donne la soustraction de la société entière.

Lorsqu'on ne considère que l'impression et le profit qui résultent de l'examen des utopies modernes, on leur voue un profond et amer dédain.

Si les hommes qui sont attachés à la République ne surveillent et combattent les socialistes, ceux-ci la compromettront à jamais, et ils en feront le gouvernement de quoi que ce soit par qui que ce soit.

Après ce que nous avons dit, on doit comprendre que, si le socialisme pouvait être un moment réalisé, il deviendrait aussitôt l'absence bien sentie d'une foule de nécessités indispensables.

L'humanité a horreur de ces rêves perfides qui troublent les existences, de ces folles théories qui renversent et n'édifient point, de ces débauches d'esprit qui tuent les âmes en leur ôtant leur aliment naturel qui est l'ordre, la vertu et la liberté.

TABLE.

Langres, imp. de Dejussieu.